Wir danken ...
Besuch am ...

M. Abadverdi Pf. W. ...

... Dobsledar

Pablo Flores B.

W. ...

José A. Cormane

...

José Cam...

Armando Betancourt

Mario ... Gomez

Palazzo Antonio

...

... König

Petrus Ceelen
Fünf Minuten Stille

Petrus Ceelen

Fünf Minuten Stille

Mit Zeichnungen von Karl Bechloch

Patmos Verlag
Düsseldorf

CIP-Kurztitelaufnahme der Deutschen Bibliothek

Ceelen, Petrus:
Fünf Minuten Stille / Petrus Ceelen. -
1. Aufl. - Düsseldorf: Patmos Verlag, 1987.
ISBN 3-491-72195-4

 1. Auflage 1987
Umschlaggestaltung: Peter J. Kahrl, Neustadt/Wied
Umschlagabbildung und Porträtzeichnung auf der vorderen Umschlagklappe: Karl Bechloch
Gesamtherstellung: Boss-Druck, Kleve
3-491-72195-4

Meiner
fünfundachtzigjährigen
Mutter

6

Wir sind Kinder unserer Zeit:
Wir haben keine Zeit.

Auch du hast keine Zeit
zu verlieren.
Du hast schon zu viel Zeit
verloren: jeden Tag
mehrere Stunden
vor dem Fernseher.

Mit der Zeit
verlierst du
dich.

Sei still,
fünf Minuten still,
damit du dich wieder findest.

Fünf Minuten Stille -
ohne auf die Uhr zu schauen.

Fünf Minuten Stille -
ohne dazwischen zu reden.

Ein wenig Sonne,
und der Schnee
schmilzt.

Ein wenig Wärme,
und das Eis
bricht.

Ein wenig Güte,
und Menschen
tauen auf.

Ein gutes Wort,
ein Lächeln,
ein paar Streicheleinheiten,
ein wenig Güte,
ein bißchen Liebe
und viel, viel Gnade -
davon leben wir
jeden Tag neu!

Ein schönes Auto,
ein eigenes Häuschen,
ein paar Wochen Urlaub,
ein wenig Geld,
ein bißchen Glück
und viel, viel Schein -
dafür leben wir
jeden Tag neu?

Wir knien
vor dem Mammon.

Wir bitten
um Wohlstand.

Wir beten
den Luxus an.

Wir verherrlichen
Götzen.

Wir sind Gott
los geworden.

Das Leben ist
ein Sechstagerennen.
Wir rennen
von morgens bis abends
tagein, tagaus.

Wir rennen
von Woche zu Woche,
bis das Leben
vorbei gegangen ist,
an uns vorbei.

*

Und am siebenten Tage
ruhte Gott.

Und wenn du
nicht einmal sonntags
zur Ruhe kommst,
gehst du irgendwann
mit deinem Terminkalender
zum Teufel.

II

Ich gehe
mit der Uhr,
ich kann
mit der Zeit
nicht Schritt halten.

Ich laufe
gegen die Uhr,
ich renne
immer schneller
hinter der Zeit her.

Ich gehe
ohne Uhr –
und bin
der Zeit voraus.

12

Selbstsicher
treten wir auf.
Gut gekleidet,
verkleidet.

Das Leben ist
ein Theater.
Es gefällt uns,
wenn keiner
aus der Rolle fällt.

Und wenn wir es dann
über die Bühne
gebracht haben,
treten wir ab,
nackt.

Jeden Tag
stehen wir auf.
Jeden Tag
stehen wir auf
der Bühne
und spielen alle
die Hauptrolle.
Ein tolles Stück.

14

Ich sage,
was man sagt.

Ich tue,
was man tut.

Ich bin
nicht ich.
Was man ist,
bin ich.

Ich bin
nicht ich.
Eine Rolle
bin ich.

Du blickst durch,
durch meine Maske hindurch.
Du durchschaust mich
und siehst mir
ins Herz.

Du siehst
glatt aus.
Keine Spur
von den Furchen,
die das Leben
dir ins Gesicht
gegraben hat.
Du siehst
blendend aus.
Dein Gesicht aber
hast du verloren.

16

Ich tue vieles,
um mein schwaches Ich
zu verbergen.

Ich tue alles,
um meine Schwächen
zu überspielen.

Ich unterlasse nichts,
um etwas darzustellen,
was ich nicht bin.

17

Es ist schwer,
die Fassaden auf die Dauer
aufrechtzuerhalten.
So manche
brechen zusammen
und liegen offen da.

Die Fassade
bröckelt ab,
zerfällt.
Das Haus
stürzt ein,
ein Trümmerhaufen.

Und aus dem Staub
stehst du auf.

*

Jeden Tag
blüht uns der Tod.

Und sind wir dann gestorben,
blüht uns das Leben auf.

19

Abgestorben,
aber nicht tot.

Aus der Todesstarre
wächst neues Leben.

Knospen springen auf,
fangen an zu blühen.

Und auch wir Menschen
blühen auf im Frühling.

20

Du brauchst
kein Gerät
und auch
kein Instrument;
du brauchst nur
dein Herz,
um sie zu spüren –
die Wunder
der Schöpfung.

Du brauchst
kein Fernglas
und auch
kein Mikroskop;
du brauchst nur
deine Augen,
um sie zu sehen –
die Fingerabdrücke
des Schöpfers.

21

Kein Fingerabdruck
ist dem anderen
gleich.

Kein Blatt
gleicht
dem anderen.

Kein Stern
ist wie
der andere.

Und alle
gleichen wir
dem ganz Anderen.

Sei fünf Minuten
still.

Hörst du,
was du nicht hörst
im Lärm?

Bleibe fünf Minuten
still stehen.

Siehst du,
was du übersiehst
im Vorübergehen?

Sei fünf Minuten
still
und laß die Stille
sprechen.

Schau auch einmal
auf die kleinen Tiere.
Auf 600 Beinen
kommt er daher,
der Tausendfüßler.
Plötzlich
muß er ausweichen,
doch das bringt ihn
nicht aus dem Schritt.

24

Schau nicht nur
in die Ferne.
Siehst du auch
den Weg?
Er liegt
vor deinen Füßen.

Schau nicht nur
auf den Asphalt.
Siehst du auch
die Blumen?
Sie blühen
vor deinen Augen.

Schau nicht nur
auf die Rosen.
Siehst du auch
das Vergißmeinnicht?
Es steht
vor deiner Tür.

Schau nicht nur
auf das Unkraut.
Siehst du auch
den Samen?
Er wächst
in dir.

25

Ich bin schon oft
an ihr vorbeigegangen
und habe sie nicht gesehen –
die alte Eiche.

Wie viele sind
an ihr vorbeigegangen
und haben sie nicht gesehen –
die Wurzeln,
die sie tragen.

26

Steh morgens auf
mit dem rechten Bein
und fang nicht an
zu klagen.

Steh morgens auf
mit der Sonne
und höre auf,
das Dunkel zu beklagen.

Steh morgens auf
mit dem rechten Bein
und fang nicht an,
andere anzuklagen.

Steh morgens auf
wie die Sonne
und lach
dir zu.

Adam,
was machst du?

Eva hat mich verführt . . .

Eva,
was machst du?

Die Schlange hat mich verführt . . .

Menschenkinder,
was macht ihr?

Immer noch
die Schuld auf andere schieben.

Auch wenn wir nichts Böses tun,
können wir Schuld auf uns laden.

Auch wenn wir nichts tun,
bleiben wir anderen vieles schuldig.

*

Ich frage,
ob nicht auch Du
Dich schuldig machst,
wenn Du schweigst
zu all dem Elend,
das zum Himmel schreit.

Gott mit uns
auf den Koppelschlössern
der Hitlerarmee.

Gott mit uns
gegen die Franzosen
an vorderster Front.

Gott mit uns
gegen die Russen,
die Gottlosen.

Gott mit uns
gefallen.

30

Schaue ich hinab
in die Abgründe
meiner Seele,
erschrecke ich,
was in mir steckt.

Schaue ich hinauf
zu dem Idealbild
von meinem Ich,
staune ich,
wie edel ich bin.

Schaue ich hinüber
zu mir im Spiegel,
wundere ich mich,
wie ich bin.

31

Ich betrachte
mein Spiegelbild
und lächle
mir zu.

Betrachte ich
mein Spiegelbild
als Dein Ebenbild,
lächelst Du
mir zu.

32

Manchmal könnte ich
den ganzen Tag singen,
manchmal nur noch heulen.

Manchmal möchte ich
alle Menschen umarmen,
manchmal jeden anschreien.

Manchmal fühle ich mich stark,
manchmal so ängstlich.

Manchmal bin ich zuversichtlich,
manchmal voller Zweifel.

Manchmal spüre ich Dich, o Gott,
manchmal nichts.

Oft habe ich das Gefühl,
daß zwei Seelen in mir wohnen,
doch keine von beiden
bei mir zu Hause ist.

Ich bin gespalten,
ich habe zwei Ichs.

Ein Ich,
das das Gute will,
und ein Ich,
das das Böse tut.

Ein Ich,
das mich anklagt,
und ein Ich,
das mich rechtfertigt.

Ein Ich,
das an Dich glauben möchte, Gott,
und ein Ich,
das mir den Weg zu Dir versperrt.

Du kannst nicht
zu Gott kommen,
wenn du dir selbst
im Wege stehst.

Du kannst Gott
nicht finden,
wenn du nicht
zu dir selbst kommst.

Gott kann nicht
deine Zuflucht sein,
wenn du vor dir selbst
auf der Flucht bist.

Komm zu dir,
so findest du Gott.

Ich sitze
am Schreibtisch
und frage,
ob es Dich gibt.
Ich sitze
an einem stillen See
und spüre,
wie Du mich umgibst.

Hast Du
das All geschaffen,
oder war es Zufall,
daß alles entstanden ist?

Hast Du
unseren Weg bestimmt,
oder ist es Zufall,
daß wir so geworden sind?

Vielleicht
ist es Deine Logik,
die wir zufällig
nicht verstehen...

Irgendwann hat es einmal angefangen. Mit einem Urknall oder so ähnlich. Irgendwie strebt seither alles auseinander: Galaxien, Milchstraßen, Sonnensysteme. Und irgendwo im All hängt unsere Erde, ein Sandkorn.

Was ist der Mensch,
daß Du ihn beachtest?
Und was ist das Kind
eines Menschen,
daß Du es liebhast?
Aus Psalm 8

Wer Augen hat,
zu sehen,
der schaue
den Menschen an –
einen Augen-blick.

Wer einen Blick
für den Menschen hat,
sieht Gott und die Welt
mit anderen Augen.

Wer einen Blick
für den Nächsten hat,
sieht ihn
mit seinen Augen.

Wer Augen hat,
zu sehen,
der schaue
den Menschen an –
einen Augen-blick.

*In jeder Straße
wohnen Menschen,
die darauf warten,
daß irgend jemand
kommt und sagt:
Ich brauche dich.
In jedem Hochhaus
wohnen Menschen,
die darauf warten,
daß endlich jemand
kommt und sagt:
Ich mag dich.*

40

Auch wenn du
niemanden hast,
du bist mein.

Auch wenn du
nichts bist,
du bleibst mein.

Ich lese
schöne Sprüche.
Ich höre
viele Worte.
Der kleine Spatz
an meinem Fenster
gibt mir Trost.

Du kannst dich getrost
darauf verlassen,
daß Gott dich hört,
wenn du betest.

Ich höre aber immer
nur mich reden.

Du hörst Ihn,
wenn du nicht immer
nur redest.

Laß dir auch
etwas sagen,
wenn du betest.

Bitte nicht nur,
sag auch einmal
Dank!

Wofür
soll ich danken?
Ich beginne
zu denken.
Ich denke
nach.
Ich denke
weiter.
Nach und nach
denke ich
tiefer.
Ich höre nicht auf
zu danken.

44

Du hast weniger
als manch andere.
Beneide sie nicht.

Bescheide dich
mit dem, was dir
beschieden wurde.

Du hast so viel,
daß nicht wenige
dich beneiden.

45

Der Arbeitslose
wäre froh,
wenn er morgens
aufstehen müßte.

Der Kranke
wäre froh,
wenn er morgens
aufstehen könnte.

Freu dich,
daß du morgens
aufstehen darfst!

Freu dich,
wenn du morgen wieder
arbeiten gehen kannst
und nicht liegen
bleiben mußt!

Schließe Frieden
mit deinen Feinden,
heute noch –
und warte nicht
bis morgen.

Schließe Frieden
mit dir selbst,
bevor du einschläfst.

Schließe Frieden
mit Gott,
bevor du drüben aufwachst.

Schließe Frieden
noch heute –
und warte nicht,
bis es zu spät ist.

Schließe
ganz langsam
deine Augen
und öffne
die Türen
deiner Seele.

Schau
dich in Ruhe an –
so wie du bist.

48

Du bist nicht so,
wie du sein möchtest.

Du möchtest so sein,
wie du nicht bist.

So wie du bist,
bist du aber
gottgewollt.

Und Er hat auch
die anderen gewollt,
doch nicht so,
wie du sie
haben möchtest.

Ich halte Ausschau
nach einem Fingerzeig
und sehe immer nur
Deinen Zeigefinger.

Deine Hand
sehe ich nicht:
sie trägt mich.

50

Du glaubst nur,
was du siehst.

Du glaubst nicht,
was du nicht siehst.

Du siehst es,
wenn du nur glaubst,
nur wenn du glaubst.

51

Auf einem dünnen Zweig
sitzt er,
vom Wind geschaukelt.
Er steht
auf einem Bein
im Schlaf.
Der Gleichgewichtskünstler
fällt nicht,
weil Du ihn nicht fallen läßt.

Ihr seid mehr wert
als viele Spatzen!

Lukas 12,7

52

Du glaubst,
du bist nicht
mehr viel wert.

Du bist
viel mehr wert,
als du glaubst.

Du bist
unendlich wertvoll:
du bleibst ewig
liebenswert.

53

Du bist ein Mensch
wie jeder andere.

Du bist kein Mensch
wie jeder andere.

Du bist
wie jeder andere
einmalig.

Wir greifen
nach den Sternen,
und wir begreifen nicht einmal,
daß wir nichts im Griff haben.

Wir wollen
alles begreifen,
und wir verstehen nicht einmal
uns selbst.

Wir wollen
Gott verstehen,
und wir können nicht einmal
einen einzigen
Seiner Gedanken nach-denken.

Wir greifen
nach den Sternen,
und wir wissen nicht einmal,
was jedes Kind weiß
von Gott.

55

Steck deine Ziele
nicht zu hoch.
Hochgestochene
gibt es genug.

Leg die Meßlatte
nicht zu hoch.
Tiefgefallene
gibt es schon
mehr als genug.

56

Gott schreibt
mit jedem Menschen
eine Geschichte.
Keine Story.

Gott schreibt
mit jedem Menschen
eine Geschichte,
seine Geschichte.

Kein Märchen.
Kein Roman.

Ein Buch
mit sieben Siegeln.

Du schreibst gerade
auf krummen Zeilen,
doch Deine Schrift
kann ich nicht lesen.
Nur eines erkenne ich:
Du machst niemals
einen Punkt.

58

Deine Wege
sind nicht
unsere Wege.

Du durchkreuzt
unsere Wege –
um uns heimzusuchen?

Deine Wege
sind nicht
unsere Wege.

Du gehst mit uns
Umwege –
um uns heimzuholen?

Ein schöner Weg.
Ein steiniger Pfad.
Eine Sackgasse.
Ein Stück
bergab.
Eine Durststrecke
durch die Wüste.
Eine breite Straße.
Hinauf
nach Golgota.

Wir denken lange nach
über den Weg
und bedenken nicht,
wie kurz er ist.

*

Das Leben des Menschen
blüht wie eine Blume auf dem Feld.

Wenn der Wind darüber streift,
steht sie nicht mehr,
und sie ist unbekannt an der Stelle,
an der sie blühte.

Gottes Freundschaft aber bleibt
auf immer und ewig.

Aus Psalm 103

Unser Leben lang
sind wir unterwegs
auf dem Weg zu Dir.
Mit jedem Schritt
kommst Du uns näher.

Eine Stunde am Tag
verbringst du
mit Sprechen.

Du sprichst viel,
versprichst viel.

Oft redest du
dich heraus
mit Sprüchen.

Du kannst viel sagen
und nichts sagen
in deiner Sprechstunde.

Du kannst mehr sagen,
wenn du in dich
hineinhörst.

Lausche,
was die Stille
dir sagt.

63

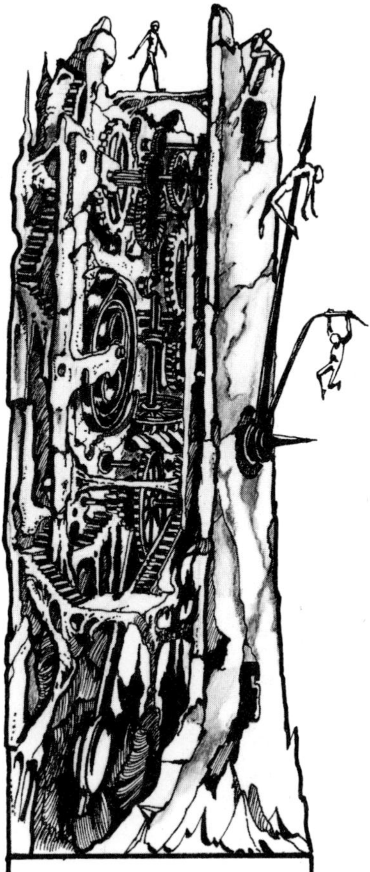

Jeder weiß,
wieviel Uhr es ist.
Wie spät es ist,
weiß keiner.

64

Sei froh,
daß du nicht weißt,
wann deine Zeit abgelaufen ist.
Du würdest noch schneller laufen.

Sei froh,
daß du nicht weißt,
wann deine Stunde schlägt.
Du würdest noch öfter
auf die Uhr schauen.

Sei froh,
daß du nicht weißt,
wann der Tod dich holt.
Du würdest noch unruhiger schlafen
und noch seltener lachen.

65

Dein Leben lang
bist du unterwegs,
aber den Weg
siehst du erst,
wenn dein Lebensabend
gekommen ist.

Wenn es dunkel wird,
siehst du erst die Lichter,
die dir auf deinem Weg
heim geleuchtet haben.

Auch die Sterne
siehst du erst,
wenn es dunkel wird.

Dein Leben lang
bist du unterwegs,
aber erst im Dunkel des Todes
siehst du das Licht,
das Ewige.

66

Ich sehe
mich schon stehen,
mit meinen leeren Händen.

Ich höre
Dich schon fragen:
Was hast du
dem Geringsten getan,
mir angetan?

Ich sehe
mich schon liegen
auf meinen Knien.

Ich höre
Dich noch nicht sagen:
Weg von mir!

Beim Letzten Gericht
stehst du allein
vor dem Richter.

Es gibt keinen Ankläger –
dein Herz klagt dich an.

Du hast keinen Verteidiger –
du stehst allein.

Beim Letzten Gericht
stehst du allein
vor dem Richter –
er richtet dich auf.

Dann wird Er abwischen
alle deine Tränen,
und du wirst sehen,
was du glaubst.

Dann wird Er dir
die Augen öffnen,
und du wirst
deinen Namen sehen
in Seiner Hand.

Dann wird Er dich
beim Namen rufen
und dich aufnehmen
in das Gelobte Land.

Dann wirst du weinen
vor Freude,
und Er wird abwischen
alle deine Tränen...

Ab und zu,
hier und dort
fällt ein Stückchen Himmel
auf die Erde.

Das verschlossene Herz
öffnet sich.

Das versteinerte Gesicht
lacht.

Die geballte Faust
beginnt zu streicheln.

Das Kind ohne Arme
malt Blumen.

Der Vogel singt
in dunkler Nacht.

Ein Stückchen Himmel
fällt auf die Erde.

70

Du möchtest aussteigen.
Er ist eingestiegen.

Du möchtest aufsteigen.
Er ist abgestiegen,
heruntergekommen
bis in den Stall
deiner Seele.

Ein bißchen Freude,
ein bißchen Frieden,
ein bißchen Zauber,
ein bißchen Liebe.
Das bißchen ist so viel,
daß die meisten sich
das ganze Jahr darauf freuen.

Es ist ein Ros

72

Wir denken uns
einen Gott
zurecht.

Meine Gedanken
sind nicht
eure Gedanken,
spricht derHerr
und gibt uns
einen Denkzettel:
geboren im Stall,
gestorben am Kreuz
der liebe Gott.